Seguridad Móvil y Protección de Aplicaciones

Cómo mantener tu teléfono inteligente, aplicaciones y mensajes seguros frente a intrusos digitales

Por Joe Correa

Primera edición

Tabla de Contenido

Introducción

En la era digital, tu teléfono inteligente ya no es solo un teléfono. Es tu cámara, tu billetera, tu centro de mensajería, tu guía de viajes, tu monitor de salud y el punto de acceso a casi todos los detalles de tu vida personal y profesional. Esto lo convierte en uno de los objetivos más atractivos para los ciberdelincuentes, los recolectores de datos y las aplicaciones invasivas. Y mientras la mayoría de las personas se asegura de cerrar con llave la puerta de su casa antes de salir, rara vez aplica ese mismo nivel de conciencia y protección a su dispositivo más utilizado.

Este libro es tu guía completa para defender tu vida móvil. Ya sea que utilices un iPhone, un dispositivo Android o una tablet, aquí encontrarás un marco claro, práctico y fácil de seguir para proteger tu dispositivo, tus aplicaciones y tu información—sin necesidad de ser un experto en tecnología. A lo largo de estas páginas, te acompañaremos paso a paso a través de configuraciones esenciales, funciones clave y herramientas fundamentales que pueden reducir drásticamente tu nivel de vulnerabilidad, desde el cifrado de datos y la gestión de permisos de aplicaciones hasta el uso de mensajería segura y redes privadas virtuales (VPN) móviles.

También sacaremos a la luz algunas de las amenazas más importantes que la mayoría de las personas ni siquiera sabe que existen—como las aplicaciones falsas, el exceso de permisos (permission creep), los ataques a través de Bluetooth, el rastreo constante de ubicación y los riesgos ocultos de las redes Wi-Fi gratuitas. Cada capítulo está diseñado para ofrecerte ejemplos reales, consejos de expertos y herramientas de seguridad actualizadas que podrás comenzar a utilizar de inmediato en tu día a día.

Al finalizar este libro, comprenderás cómo ocurren los ataques móviles, cómo identificar las señales de advertencia y, lo más importante, cómo prevenirlos de manera efectiva. Aprenderás a proteger tus mensajes, resguardar documentos sensibles, evitar errores comunes y recuperar el control total sobre tu privacidad digital en el entorno móvil.

Ya seas padre, viajero, emprendedor, trabajador independiente, estudiante o simplemente alguien que vive en constante movimiento, este libro te proporcionará la confianza y el conocimiento necesarios para mantener tu mundo digital seguro—incluso en los entornos más conectados y expuestos.

Comencemos con el Capítulo 1: Los verdaderos peligros del cibercrimen móvil—y por qué proteger tu teléfono inteligente es tan importante como cerrar con llave la puerta de tu casa.

Capítulo 1: Los Verdaderos Peligros Del Cibercrimen Móvil

La mayoría de las personas lleva toda su vida en el bolsillo—pero pocas comprenden realmente los riesgos que eso implica. El teléfono inteligente se ha convertido en una extensión del cerebro humano: almacena nuestras contraseñas, fotos personales, conversaciones, aplicaciones financieras, datos de salud, historial de ubicación e incluso identificadores biométricos como huellas dactilares y reconocimiento facial. Esto convierte a los dispositivos móviles en el objetivo más deseado para ciberdelincuentes, ladrones de identidad y espías digitales. Sin embargo, la amenaza no se limita únicamente a hackers en una habitación oscura escribiendo código. Los peligros más graves suelen ser legales, invisibles y están integrados directamente en las aplicaciones que usamos todos los días.

Comencemos con una verdad fundamental: tu teléfono siempre está transmitiendo datos. Ya sea tu ubicación GPS, señales Bluetooth, solicitudes de Wi-Fi o identificadores publicitarios móviles, tu dispositivo se comunica constantemente con redes, antenas y otros dispositivos cercanos. Este flujo continuo de información puede ser recopilado, almacenado, analizado e incluso vendido por desarrolladores de aplicaciones, anunciantes o actores maliciosos. Muchas personas no se dan cuenta de que incluso aplicaciones "gratuitas" como linternas o el clima pueden estar integradas con spyware que recopila contactos, accede al micrófono o analiza tus hábitos de uso—todo ello sin levantar sospechas.

Uno de los peligros más comunes y menos reportados es el llamado "exceso de permisos" o *permission creep*, una situación en la que una aplicación inicialmente solicita acceso a funciones básicas (como la ubicación o las fotos), pero con el tiempo comienza a pedir y acumular permisos mucho más invasivos. Por ejemplo, una simple aplicación para tomar notas podría, de repente, solicitar acceso a tu micrófono, calendario o cámara. La mayoría de los usuarios simplemente presiona "Permitir" sin comprender las consecuencias. Estos permisos pueden ser explotados para escuchar conversaciones, tomar fotografías o acceder a archivos sensibles en segundo plano sin que lo notes.

Luego está la amenaza de las aplicaciones falsas—software malicioso disfrazado de aplicaciones legítimas. Este tipo de engaño es especialmente común en tiendas de aplicaciones de terceros o en regiones donde Android tiene mayor presencia. Una aplicación bancaria falsa, por ejemplo, puede parecer idéntica a la real, pero en lugar de ayudarte a iniciar sesión, roba tus credenciales. Una vez instalada, puede operar en modo sigiloso, interceptando códigos de autenticación de dos factores, leyendo tus mensajes y enviando información privada a los servidores del atacante.

El Wi-Fi público representa otro riesgo enorme. Los ataques conocidos como "man-in-the-middle" ocurren cuando los hackers crean puntos de acceso falsos en lugares públicos—frecuentemente con nombres como "Free_WiFi" o "Starbucks_Guest". Una vez que te conectas, el atacante puede interceptar todo lo que envías: credenciales de inicio de sesión, números de tarjetas de crédito, correos electrónicos personales e incluso el tráfico de una VPN si no está correctamente cifrado. Esto es especialmente peligroso para quienes realizan operaciones bancarias, transferencias de archivos o compras en línea mientras están fuera de casa.

Incluso el Bluetooth puede ser explotado. Ataques como BlueBorne y BlueSnarfing permiten a los hackers aprovechar las conexiones Bluetooth para robar archivos, contactos o incluso tomar el control del dispositivo—todo sin que el usuario tenga que interactuar. Mantener el Bluetooth activado en lugares concurridos como aeropuertos, conferencias o conciertos aumenta significativamente tu nivel de exposición.

Tu dispositivo también es una puerta de entrada a ataques de ingeniería social. Los mensajes de phishing enviados por SMS (conocidos como *smishing*) o por aplicaciones de mensajería pueden parecer completamente legítimos. Hacer clic en un enlace dentro de un falso aviso de entrega o un mensaje bancario puede instalar malware de inmediato o redirigirte a un sitio falso diseñado para robar tu información de acceso. Lo que agrava este problema es que los usuarios móviles tienden a leer rápidamente, tocar sin pensar y caer en estas trampas debido al tamaño reducido de la pantalla y el ritmo acelerado de uso.

Para complicar aún más la situación, los sistemas operativos móviles no son infalibles. Aunque iOS de Apple y Android implementan medidas como aislamiento de aplicaciones (sandboxing), cifrado y actualizaciones frecuentes, estas capas de seguridad pueden ser vulneradas mediante *jailbreaking*, software desactualizado o vulnerabilidades desconocidas (zero-day) que aún no han sido corregidas. Una vez comprometido, tu dispositivo puede convertirse en una herramienta de vigilancia—registrando cada pulsación, descifrando contraseñas y transmitiendo datos sin tu conocimiento.

En resumen, los dispositivos móviles son verdaderos tesoros de información, lo que los convierte en objetivos de alto valor tanto para hackers maliciosos como para corporaciones hambrientas de datos. Las amenazas son reales, constantes y están en constante evolución. Pero eso no significa que estés indefenso. En los siguientes capítulos, desglosaremos herramientas y técnicas específicas para protegerte: desde la gestión de permisos y el cifrado hasta aplicaciones de mensajería segura, VPN móviles y detección de amenazas en tiempo real.

Por ahora, recuerda esto: si no dejarías tu billetera, tu pasaporte o tu diario personal abandonados en público, tampoco deberías hacerlo en el mundo digital. Tu teléfono inteligente es todo eso—y mucho más.

Historia: El caso de Carlos y el cibercrimen móvil

Carlos acababa de aterrizar en Nueva York después de un viaje de negocios a Ciudad de México. Mientras caminaba por el aeropuerto JFK, sacó su teléfono para revisar correos electrónicos, pedir un Uber y avisar a su esposa que había llegado. Era un lunes más, lleno de actividad—hasta que dejó de serlo.

Para cuando subió al Uber, Carlos notó algo extraño. Su aplicación bancaria lo había cerrado inesperadamente. Pensando que se trataba de un error, la abrió nuevamente e ingresó su contraseña. Incorrecta. Lo intentó otra vez.

Incorrecta de nuevo. Miró la pantalla con incredulidad. No había cambiado su contraseña, nadie más la conocía, y la había utilizado apenas unas horas antes para reservar su hotel.

Tratando de no alarmarse, intentó acceder a su correo electrónico. Esta vez apareció un mensaje: "Tu contraseña ha sido cambiada. Si no fuiste tú, haz clic aquí." Un nudo se formó en su estómago.

En cuestión de minutos, su teléfono comenzó a vibrar sin parar. Su banco le notificó un cargo de $1,500 en Chicago. Luego, una alerta indicando que su Apple ID había sido utilizado desde otro dispositivo. Después, otra notificación de su cuenta de Dropbox. Sin siquiera haber salido del aeropuerto, su vida digital se estaba desmoronando a una velocidad que no podía controlar.

¿Qué había ocurrido?

Tres días antes, mientras disfrutaba de un café en un lugar tranquilo en Ciudad de México, Carlos se había conectado al Wi-Fi gratuito del local. Era algo habitual para él; lo había hecho innumerables veces en distintas ciudades. Esa mañana había subido documentos sensibles de clientes a Google Drive, accedido a su cuenta de inversiones y respondido varios correos electrónicos de trabajo—todo a través de esa red.

Lo que Carlos no sabía era que esa red no era realmente segura—era un punto de acceso falso creado por un hacker llamado Leo, que se encontraba sentado a solo dos mesas de distancia. Leo utilizaba software especializado para capturar credenciales de acceso, encabezados de correo y cookies de sesión de todos los dispositivos conectados a la red.

Pero Leo no se detuvo ahí. El siguiente paso fue enviar una falsa actualización del sistema al teléfono Android de Carlos mediante un ataque de tipo "man-in-the-middle". Carlos, sin pensarlo, presionó "Aceptar", otorgando permiso para instalar malware en segundo plano.

Ese malware, disfrazado de actualización, incluía un registrador de teclas (*keylogger*) y una herramienta de acceso remoto. Desde ese momento, Leo podía ver absolutamente todo—cada mensaje que Carlos escribía, cada contraseña que ingresaba e incluso lo que captaba su cámara. Cuando Carlos volvió a conectarse a una red Wi-Fi pública en el aeropuerto JFK, el malware se activó nuevamente y envió toda la información recopilada al servidor del atacante.

De regreso a casa, Carlos intentó reparar el daño. Cambió sus contraseñas, contactó a su banco, bloqueó su crédito y restableció su teléfono. Pero el daño ya estaba hecho. Documentos confidenciales habían sido expuestos y su identidad había terminado en la dark web. La confianza que tenía en la tecnología se había quebrado.

Una semana después, Carlos habló con un experto en ciberseguridad. Este le explicó todas las vulnerabilidades en su rutina: usar Wi-Fi público sin protección, no revisar permisos de aplicaciones, mantener el Bluetooth activado en espacios públicos y confiar en mensajes de actualización falsos. Fue una lección dura, pero necesaria.

Carlos no estaba solo. Millones de personas caen en estas trampas todos los días. Hacen clic sin leer, se conectan sin pensar, instalan aplicaciones sin verificar. Y cuando finalmente se dan cuenta de que algo está mal, los atacantes ya han desaparecido—llevándose datos, fotos, contraseñas o incluso más.

Decidido a no volver a ser víctima, Carlos comenzó a tomarse en serio la seguridad móvil. Investigó aplicaciones de mensajería cifrada, cambió a un sistema de almacenamiento en la nube más seguro, utilizó una VPN confiable y revisó cada aplicación en su teléfono. También aprendió a reconocer aplicaciones falsas y enlaces de phishing. Se propuso no solo protegerse a sí mismo, sino también a su esposa e hijos, enseñándoles estos mismos principios.

La historia de Carlos no es una excepción—es una advertencia moderna. Y es precisamente la razón por la que este libro existe: para ayudar a las personas a comprender lo expuestos que estamos en un mundo dominado por lo móvil, y cómo podemos recuperar el control mediante el conocimiento, los hábitos correctos y las herramientas adecuadas.

Capítulo 2: Comprender Los Permisos De Las Aplicaciones Y Cómo Te Explotan

Cada vez que instalas una nueva aplicación, se te solicita otorgar permisos. A veces estos son evidentes: una aplicación de navegación necesita acceso a tu ubicación; una aplicación de cámara necesita utilizar tu cámara. Pero, ¿qué sucede cuando una aplicación de linterna solicita acceso al micrófono? ¿O cuando una aplicación de edición de fotos quiere acceder a tu lista de contactos? La realidad es que los permisos de las aplicaciones representan uno de los aspectos más ignorados y, al mismo tiempo, más explotados de la seguridad en dispositivos móviles.

Los permisos son los puentes que conectan una aplicación con las funciones internas de tu teléfono. Estos incluyen acceso a tu ubicación, micrófono, cámara, calendario, mensajes, fotos, historial de llamadas, datos biométricos, almacenamiento e incluso la actividad de tu pantalla. Cada uno de estos permisos, si se utiliza de manera indebida, puede convertirse en una puerta de entrada hacia la vigilancia o el robo de información. El problema es que la mayoría de las personas simplemente pulsa "Permitir" sin pensarlo—o peor aún, configura las aplicaciones en "Permitir siempre" cuando "Solo mientras se usa la aplicación" sería más que suficiente.

Analicemos cómo estos permisos suelen ser explotados. Una aplicación aparentemente inofensiva puede solicitar acceso a tu ubicación y luego vender discretamente tus datos de movimiento a anunciantes o intermediarios de datos. Otra puede recopilar el historial de tu portapapeles—lo que significa que si has copiado contraseñas o números de tarjetas de crédito, esa información queda expuesta. Algunas aplicaciones solicitan acceso a tus SMS bajo el pretexto de verificación, pero luego lo utilizan para interceptar códigos de autenticación de dos factores o incluso enviar spam a tus contactos.

También está el acceso al micrófono y a la cámara. Una aplicación que tiene acceso a ambos puede, en teoría, grabarte o tomar fotografías sin que te des cuenta. Aunque los sistemas operativos móviles obligan a que estos permisos se soliciten explícitamente, algunas aplicaciones maliciosas encuentran formas de explotar vulnerabilidades—especialmente en dispositivos desactualizados o modificados. Incluso aplicaciones legítimas han sido descubiertas registrando el comportamiento de los usuarios en segundo plano bajo el pretexto de realizar análisis.

Los permisos también pueden cambiar con el tiempo. Puedes instalar una aplicación y aceptar un conjunto limitado de permisos, pero en una actualización futura, esa misma aplicación podría solicitar acceso adicional—y si tienes activadas las actualizaciones automáticas, es posible que nunca te des cuenta de que ahora tiene acceso a más información personal. Este fenómeno se conoce como "exceso de permisos" o *permission creep*, y es extremadamente común.

Entonces, ¿cómo recuperas el control? Comienza revisando manualmente los permisos de cada aplicación. En Android, puedes ir a Configuración > Privacidad > Administrador de permisos. En iOS, ve a Configuración > Privacidad y Seguridad, y revisa cada categoría, como micrófono o cámara, para ver qué aplicaciones tienen acceso. Revoca cualquier permiso que no tenga sentido según la función de la aplicación.

También puedes instalar herramientas que monitorean los permisos. Aplicaciones como Bouncer (en Android) permiten otorgar permisos temporales que se eliminan automáticamente después de su uso. Otras herramientas, como Jumbo o DuckDuckGo App Tracking Protection, bloquean rastreadores de terceros y te ofrecen visibilidad sobre cómo se accede y transmite tu información.

A continuación, presta atención a cómo instalas aplicaciones. Utiliza siempre tiendas oficiales como Google Play o la App Store de Apple, y evita archivos APK de terceros a menos que confíes plenamente en la fuente. Antes de instalar una aplicación, revisa el nombre del desarrollador, las reseñas, el número de descargas y el historial de actualizaciones. Desconfía de aplicaciones clonadas o con pocas reseñas—muchas veces son utilizadas como vehículos para introducir malware.

Incluso entre aplicaciones legítimas, considera alternativas que soliciten menos permisos. Por ejemplo, existen calculadoras que no necesitan acceso a internet. Aplicaciones de mensajería como Signal ofrecen cifrado de extremo a extremo y no solicitan acceso a tus contactos a menos que tú lo permitas. Que una aplicación sea popular no significa que respete tu privacidad.

Otro paso importante es aprovechar las funciones del sistema operativo que limitan el acceso en segundo plano. Tanto iOS como Android permiten restringir que las aplicaciones se actualicen en segundo plano o accedan a tu ubicación cuando no las estás utilizando. Estas configuraciones pueden evitar que las aplicaciones rastreen tu ubicación constantemente sin que lo sepas.

En última instancia, la mejor defensa es la combinación de conciencia y buenos hábitos digitales. Convierte en rutina mensual auditar tu teléfono: elimina aplicaciones que no utilizas, revisa solicitudes de permisos inusuales y mantén tu sistema operativo y aplicaciones actualizados. Cuanto más control tengas sobre lo que pueden hacer tus aplicaciones, menos control tendrán terceros sobre tu vida.

Comprender los permisos de las aplicaciones no se trata solo de ajustar configuraciones—se trata de proteger tus datos, tu identidad y tu tranquilidad. La comodidad de la tecnología móvil nunca debería tener como precio una vigilancia silenciosa.

Historia: Cómo Ava aprendió el costo de la privacidad

Ava amaba la fotografía. Como aspirante a creadora de contenido en sus veintitantos años, pasaba horas capturando paisajes con su iPhone y editándolos con las últimas aplicaciones de moda. Durante una escapada de fin de semana a Arizona, descubrió una nueva aplicación llamada ProFilter+. Prometía filtros de nivel profesional estilo Hollywood y herramientas avanzadas de edición—de forma gratuita. Sin pensarlo dos veces, la descargó, aceptó todos los permisos y comenzó a usarla.

No fue hasta tres días después que algo empezó a sentirse extraño.

La batería de su teléfono se agotaba mucho más rápido de lo normal. Notó que el dispositivo se calentaba incluso cuando no lo estaba usando. Una noche, mientras escribía mensajes a su hermana, la pantalla se congeló y apareció una ventana emergente solicitando acceso al Bluetooth. La descartó pensando que era un error, pero una sensación de inquietud comenzó a instalarse.

Esa misma noche, mientras navegaba por TikTok, vio un video sobre aplicaciones espía que acceden secretamente al micrófono y la cámara. Intrigada y algo preocupada, Ava revisó la configuración de su teléfono para ver qué aplicaciones tenían acceso al micrófono. Para su sorpresa, ProFilter+ estaba en la lista—no solo con acceso al micrófono y la cámara, sino también a su ubicación, contactos e incluso a los sensores de movimiento.

¿Por qué una aplicación de edición de fotos necesitaría todo eso?

Continuó investigando. En la sección de privacidad, revisó los servicios de ubicación y vio que ProFilter+ estaba configurada en "Permitir siempre". Ni siquiera se había dado cuenta.

Además, la aplicación había accedido a su ubicación 67 veces en las últimas 24 horas. Sintió un nudo en el estómago.

Peor aún, la aplicación tenía acceso a sus contactos. Esto explicaba un extraño correo que su amiga Lena había recibido desde una dirección desconocida vinculada a su nombre. El mensaje parecía spam—con enlaces sospechosos y emojis aleatorios. Lena le había preguntado si había sido hackeada. En ese momento, Ava pensó que era phishing. Ahora ya no estaba tan segura.

Sintiendo que su privacidad había sido completamente expuesta, Ava eliminó ProFilter+ de inmediato. Pero necesitaba respuestas. Llamó a su amigo Malik, experto en ciberseguridad. Tras escuchar su historia, él le pidió que instalara una aplicación de auditoría de privacidad. El resultado fue inmediato: ProFilter+ fue identificada como una amenaza. Había estado ejecutándose constantemente en segundo plano, transmitiendo datos a un servidor remoto en Europa del Este.

"Aunque la eliminaste," le explicó Malik, "probablemente recopiló semanas de datos sobre tu comportamiento, registros de ubicación e incluso acceso a tu micrófono. Algunas de estas aplicaciones activan el micrófono en momentos de inactividad para analizar sonidos ambientales. No necesitan grabar directamente para monetizar esa información."

Ava quedó impactada. "Pero estaba en la App Store," respondió.

"Eso no significa que sea segura," contestó Malik. "Muchas aplicaciones pasan los filtros iniciales, pero luego cambian su comportamiento. Además, la mayoría de los usuarios nunca revisa los permisos. Los desarrolladores cuentan con eso."

Durante la siguiente hora, trabajaron en limpiar su teléfono: revocaron permisos innecesarios, desactivaron actualizaciones en segundo plano, limitaron el acceso a la ubicación y configuraron una VPN junto con un firewall de privacidad. También descubrieron otras cinco aplicaciones que tenían acceso innecesario a la cámara o al micrófono–juegos, aplicaciones de compras e incluso una app de horóscopo que no usaba desde hacía meses.

La mayor revelación fue esta: Ava se dio cuenta de que nunca había cuestionado por qué las aplicaciones pedían lo que pedían. Siempre había sido automático: descargar, aceptar y continuar.

Desde ese día, cambió completamente su enfoque. Comenzó a revisar los permisos cada mes, investigar desarrolladores antes de descargar nuevas apps y leer políticas de privacidad. También empezó a buscar alternativas que no exigieran acceso invasivo.

Su teléfono se volvió más rápido, más ligero y más seguro. Pero lo más importante fue que dejó de sentirse vigilada. Recuperó el control.

La próxima vez que una nueva aplicación se hizo viral, Ava se detuvo. Revisó los permisos y se hizo una pregunta simple: "¿Realmente necesita acceso a todo esto?"

La mayoría de las personas no se da cuenta de cuánto está entregando con un solo clic. Pero Ava aprendió por las malas que la comodidad puede tener un costo muy alto—y no estaba dispuesta a volver a cometer ese error.

Capítulo 3: Riesgos del Wi-Fi público, Bluetooth y el rastreo de ubicación

En un mundo siempre conectado, la comodidad móvil tiene un costo. Las redes Wi-Fi públicas, las señales Bluetooth y los servicios de rastreo de ubicación son funciones diseñadas para facilitar la vida—pero también crean vulnerabilidades importantes que pueden ser explotadas sin que te des cuenta. El verdadero desafío está en comprender cómo funcionan estas herramientas y cómo pueden ser manipuladas por atacantes, anunciantes e incluso por las propias aplicaciones en las que confías.

Comencemos con el Wi-Fi público, una de las amenazas más comunes y peligrosas para la seguridad móvil. Cafeterías, aeropuertos, hoteles e incluso centros comerciales ofrecen Wi-Fi gratuito como un beneficio—pero "gratis" a menudo viene con costos ocultos. Estas redes frecuentemente no están protegidas, lo que significa que no utilizan cifrado para proteger la información que envías o recibes. Cualquier dato que transmitas a través de sitios HTTP—como correos electrónicos, contraseñas o números de tarjetas de crédito—puede ser interceptado utilizando herramientas básicas como analizadores de paquetes o programas como Wireshark.

Peor aún, los hackers pueden crear puntos de acceso falsos—redes con nombres como “Free_WiFi” o “Starbucks_Guest”—que parecen legítimas, pero en realidad están bajo su control. Una vez que te conectas, pueden ejecutar ataques “man-in-the-middle”, interceptar datos, inyectar malware o incluso hacerse pasar por sitios web confiables para robar tu información en tiempo real.

Incluso el tráfico cifrado mediante HTTPS no está completamente protegido si los atacantes logran engañarte para instalar un certificado falso o explotar vulnerabilidades del navegador. Acceder a aplicaciones bancarias, sincronizar archivos o iniciar sesión en cuentas en la nube desde redes públicas puede abrir la puerta a pérdidas masivas de datos si no se toman las medidas adecuadas.

El segundo gran factor de riesgo es el Bluetooth. Muchas personas lo mantienen activado por comodidad—para conectar auriculares, vehículos o relojes inteligentes. Sin embargo, el Bluetooth funciona como una señal constante de baja energía que puede ser detectada por otros dispositivos cercanos, generalmente dentro de un rango de 3 a 10 metros. Vulnerabilidades como BlueBorne, descubierta en 2017, demostraron que los atacantes pueden conectarse a un dispositivo y controlarlo simplemente estando cerca—sin que el usuario tenga que aceptar ninguna conexión. Otros ataques, como BlueSnarfing, permiten extraer datos o acceder al sistema de archivos del dispositivo sin autorización.

Apagar el Bluetooth cuando no lo estés utilizando es una defensa simple pero muy efectiva. Incluso si confías en tus dispositivos, no es necesario mantenerlo activado todo el tiempo, especialmente en lugares públicos como aeropuertos, conferencias o transporte público. Además, desactivarlo también ayuda a conservar la batería, mejorando el rendimiento general del dispositivo.

El tercer vector crítico, y a menudo mal comprendido, es el rastreo de ubicación. La mayoría de los teléfonos inteligentes utiliza una combinación de GPS, triangulación Wi-Fi y señales de torres celulares para determinar tu ubicación con gran precisión. Esta funcionalidad permite herramientas útiles como mapas, alertas meteorológicas, aplicaciones de transporte y servicios de emergencia. Sin embargo, también representa un riesgo significativo para la privacidad.

Las aplicaciones que recopilan datos de ubicación suelen compartirlos o venderlos a anunciantes y corredores de datos. Algunas rastrean tus movimientos de forma continua—incluso cuando no las estás utilizando—y almacenan esta información indefinidamente. Estos datos pueden agregarse para crear un perfil detallado de tus hábitos diarios: dónde trabajas, compras, duermes y te desplazas. Peor aún, esta información puede ser solicitada legalmente, hackeada o vendida a terceros que la utilizan para publicidad dirigida o, en casos extremos, puede filtrarse públicamente.

Para recuperar el control, comienza revisando los permisos de ubicación en tu dispositivo. Permite acceso solo "Mientras usas la aplicación", a menos que sea absolutamente necesario. Desactiva la "Ubicación precisa" si no es imprescindible. Limita la actualización en segundo plano para aplicaciones que no requieren acceso constante. También puedes desactivar funciones como "Ubicaciones significativas" en iPhone o el "Historial de ubicaciones" en Android para evitar que tu dispositivo registre cada uno de tus movimientos.

Otra herramienta clave es el uso de una VPN móvil, que cifra tu conexión a internet—especialmente útil cuando utilizas redes Wi-Fi públicas. Las VPN ocultan tu dirección IP, impiden que proveedores de internet o hackers vean tu actividad y crean un canal seguro para tus datos. Es fundamental elegir una VPN confiable, preferiblemente de pago y con política de no registro de actividad. Las VPN gratuitas suelen implicar riesgos, como la venta de tus datos o la inserción de publicidad.

Finalmente, desactiva las configuraciones de conexión automática que permiten que tu teléfono se conecte a redes Wi-Fi abiertas sin tu consentimiento. Esta opción suele estar activada por defecto y puede hacer que tu dispositivo se conecte automáticamente a redes maliciosas que ya ha detectado anteriormente.

En resumen, la capacidad de tu teléfono para conectarse de forma inalámbrica a redes, dispositivos y satélites es una herramienta poderosa, pero también un arma de doble filo. Estas funciones brindan comodidad, velocidad y eficiencia—pero también te exponen a amenazas en tiempo real si no se gestionan adecuadamente. Al utilizar el Wi-Fi, Bluetooth y los servicios de ubicación de forma consciente, puedes reducir significativamente tu huella digital y limitar el acceso no autorizado a tu información.

El objetivo no es temer estas tecnologías—sino aprender a utilizarlas de manera inteligente.

Historia: El caso de la aplicación bancaria de Jordan

Jordan era un nómada digital—un diseñador freelance que trabajaba desde cafeterías en Bali, espacios de coworking en Lisboa y salas de espera de aeropuertos en todo el mundo. Su teléfono era su vida. Contenía contratos de clientes, diseños, aplicaciones bancarias, contraseñas y las videollamadas que utilizaba para cerrar acuerdos. Pero, a pesar de su conocimiento tecnológico, tenía un punto débil: priorizaba la comodidad.

Un martes lluvioso en Chiang Mai, Tailandia, Jordan se sentó en una acogedora cafetería, tomando un espresso mientras revisaba un contrato de $12,000. Se conectó al Wi-Fi gratuito del lugar, subió archivos de diseño y revisó su aplicación bancaria. Todo parecía normal.

Esa noche, mientras descansaba en su Airbnb, su teléfono vibró con una notificación bancaria. Se había autorizado una transacción de $3,900 en Singapur. Su corazón se detuvo por un instante. No había estado en Singapur en meses. Luego llegó una segunda alerta. Después una tercera.

El pánico se apoderó de él. Intentó abrir su aplicación bancaria, pero requería un código de autenticación que nunca llegó. Revisó su correo electrónico. Nada. Algo estaba muy mal.

Jordan utilizó su laptop segura para contactar al equipo antifraude de su banco. Tras una tensa llamada de 20 minutos, le informaron que su cuenta había sido accedida desde un dispositivo casi idéntico al suyo, con una dirección IP del sudeste asiático. El atacante había iniciado sesión, cambiado su contraseña de correo y redirigido sus códigos de verificación mediante una técnica de suplantación. Jordan había sido hackeado—y no tenía idea de cómo.

A la mañana siguiente, visitó a un experto en ciberseguridad. Tras una revisión rápida, encontraron la causa: Jordan se había conectado a una red Wi-Fi falsa. Esta imitaba la red real del café, pero con un nombre ligeramente diferente: "TheBean_Cafe_Free" en lugar de "Bean_Cafe_Free". El atacante utilizó un ataque "man-in-the-middle" para interceptar su tráfico, inyectar un sitio bancario falso y robar sus credenciales en tiempo real.

Pero eso no fue todo. Jordan había dejado el Bluetooth activado. El hacker utilizó BlueSnarfing para extraer archivos de su teléfono e instalar un script malicioso mediante una vulnerabilidad. Sus contactos, notas e historial de ubicación quedaron expuestos.

Para empeorar la situación, el experto le mostró que el rastreo de ubicación estaba activado. Sus movimientos habían sido registrados durante semanas. "Mira esto," dijo señalando una línea de tiempo. "Sabemos exactamente dónde estabas el 2 de marzo a las 9:13 a.m.—incluso en qué mesa del café estabas sentado."

Jordan quedó en silencio. Su vida entera había sido rastreada, comprometida y monetizada—sin que él lo supiera.

No era ignorancia—era exceso de confianza en la comodidad. El experto lo guió a través de soluciones: revocar permisos de aplicaciones, desactivar conexiones automáticas de Bluetooth, eliminar redes Wi-Fi guardadas, desactivar la ubicación precisa e instalar una VPN confiable.

En los días siguientes, Jordan cambió su comportamiento. Evitó redes públicas sin VPN, desactivó Bluetooth cuando no lo usaba y revisó cuidadosamente cada permiso de aplicación.

Su experiencia se convirtió en una lección que compartió con otros freelancers. Incluso creó una guía llamada "Higiene digital para freelancers" para ayudar a otros a evitar sus errores.

Aprendió que la conectividad sin precaución es como dejar la puerta de tu casa completamente abierta en una ciudad llena de gente.

La seguridad no significa eliminar la comodidad—significa ser inteligente con lo que permites y cuándo lo haces.

Capítulo 4: Cómo Asegurar Tu Teléfono Inteligente – Configuraciones, Herramientas Y Mejores Prácticas

Asegurar tu teléfono inteligente comienza con un cambio de mentalidad: tu teléfono no es solo un dispositivo—es tu identidad, tu billetera y tu vida privada, todo concentrado en un solo objeto que llevas contigo a todas partes. Cada toque, descarga o deslizamiento abre una nueva oportunidad—ya sea para la productividad o para la explotación. Afortunadamente, los smartphones modernos vienen con potentes protecciones integradas; simplemente necesitas saber cómo utilizarlas correctamente. Este capítulo te ofrece una guía paso a paso para proteger tu teléfono utilizando configuraciones inteligentes, herramientas gratuitas y hábitos comprobados.

Comencemos con la pantalla de bloqueo, que representa tu primera línea de defensa. Utiliza un PIN fuerte de seis dígitos o, mejor aún, una contraseña alfanumérica en lugar de un código simple de cuatro dígitos. La autenticación biométrica—como Face ID o huella digital—es conveniente, pero siempre debe estar respaldada por un código seguro. Evita patrones de desbloqueo o sistemas de reconocimiento facial que dependan únicamente de la cámara frontal, ya que pueden ser vulnerados mediante fotografías o residuos en la pantalla. Además, desactiva las vistas previas en la pantalla de bloqueo para aplicaciones sensibles como correo electrónico, mensajes o banca, evitando que terceros puedan leer notificaciones sin desbloquear el dispositivo.

A continuación, verifica y activa las actualizaciones automáticas de seguridad. Tanto Android como iOS publican parches críticos de forma regular. Activa la opción de "Instalación automática de actualizaciones" para asegurarte de que tanto tus aplicaciones como el sistema operativo estén siempre actualizados. Un dispositivo sin actualizar es uno de los más vulnerables, especialmente con el aumento de vulnerabilidades tipo *zero-day*.

Una de las configuraciones más ignoradas es la revisión de permisos de aplicaciones. Cada mes, revisa qué aplicaciones tienen acceso a tu cámara, micrófono, contactos, calendario y ubicación. Pregúntate: ¿realmente esta aplicación necesita este nivel de acceso para funcionar? Si no es así, revócalo. En Android, ve a Configuración > Privacidad > Administrador de permisos. En iOS, accede a Configuración > Privacidad y Seguridad. Revoca cualquier permiso innecesario o cámbialo a "Solo mientras se usa la app".

Para proteger tus datos almacenados, activa el cifrado del dispositivo. En los iPhone, esto viene activado por defecto. En

Android, puedes habilitarlo en Configuración > Seguridad > Cifrado. Si tu dispositivo lo permite, activa el cifrado completo del disco. Esto garantiza que, incluso si tu teléfono es robado, los datos no puedan ser accedidos sin tu clave de desbloqueo.

Otro hábito esencial es realizar copias de seguridad regularmente. Utiliza respaldos cifrados en la nube o copias locales seguras mediante herramientas como iTunes (iOS) o ADB (Android). Evita aplicaciones de respaldo de terceros que soliciten permisos excesivos o envíen datos a servidores desconocidos. En caso de pérdida, daño o ataque, una copia de seguridad puede ser tu salvación.

En cuanto a la mensajería segura, evita el uso de SMS para comunicaciones sensibles. En su lugar, utiliza aplicaciones con cifrado de extremo a extremo como Signal, WhatsApp o Telegram (con chats secretos activados). Signal es una de las opciones más seguras, ya que no almacena metadatos ni registros de mensajes. Activa funciones como mensajes que desaparecen y bloqueo biométrico dentro de estas aplicaciones para añadir una capa adicional de protección.

Instala una VPN confiable en tu teléfono, especialmente si utilizas redes Wi-Fi públicas con frecuencia. Una VPN cifra tu tráfico de internet, haciéndolo ilegible para hackers o proveedores de servicios. Proveedores recomendados incluyen

ProtonVPN, Mullvad, NordVPN y ExpressVPN. Evita VPN gratuitas sin reputación, ya que muchas venden tus datos o insertan publicidad.

Si utilizas Android, considera instalar firewalls de privacidad como NetGuard o TrackerControl. Estas herramientas te permiten ver qué aplicaciones se conectan a internet, bloquear comportamientos sospechosos y evitar filtraciones de datos en segundo plano. En iOS, puedes usar aplicaciones como Lockdown Privacy o Guardian Firewall para funciones similares.

Desactiva el rastreo publicitario y la recopilación de datos analíticos. En iOS, ve a Configuración > Privacidad y Seguridad > Rastreo, y desactiva "Permitir que las apps soliciten rastreo". En Android, ve a Configuración > Google > Anuncios y activa "Inhabilitar la personalización de anuncios". También es recomendable restablecer periódicamente el identificador publicitario del dispositivo.

Para mayor seguridad, desactiva funciones como AirDrop, NFC o Nearby Share cuando no las estés utilizando. Aunque son útiles, también permiten que dispositivos desconocidos envíen archivos o solicitudes. Asimismo, desactiva Bluetooth y Wi-Fi cuando no los necesites, especialmente en espacios públicos.

Finalmente, activa funciones como "Buscar mi dispositivo" o "Buscar mi iPhone", que te permiten localizar, bloquear o borrar tu teléfono de forma remota en caso de pérdida o robo. Esta configuración debe activarse desde el primer momento en que adquieres un dispositivo nuevo.

Estas configuraciones pueden tomar solo 30 minutos en implementarse, pero pueden protegerte durante años contra brechas de seguridad, pérdidas financieras y estrés innecesario. Tu teléfono funcionará de manera más eficiente, filtrará menos datos y te brindará tranquilidad al saber que ya no eres un objetivo fácil.

En el siguiente capítulo, exploraremos cómo proteger tus comunicaciones personales y archivos, incluyendo almacenamiento en la nube cifrado, llamadas seguras y alternativas enfocadas en la privacidad.

Historia: El caso de Riley

Riley siempre había asumido que su iPhone era seguro. Era moderno, costoso y siempre estaba actualizado. Nunca hacía clic en enlaces sospechosos y mantenía pocas aplicaciones instaladas. Pero una noche, después de asistir a un seminario de ciberseguridad en su universidad local, se dio cuenta de cuánto había dado por sentado.

El expositor, un hacker ético retirado llamado Sam, demostró lo fácil que era vulnerar un teléfono con solo unos pocos errores de configuración. En menos de diez minutos, accedió remotamente a un dispositivo de prueba aprovechando configuraciones débiles y una aplicación desactualizada. La sala quedó en silencio.

Esa noche, Riley llegó a casa con una sensación de inquietud. Miró su teléfono de otra manera—no como una herramienta, sino como una puerta potencialmente abierta.

Lo primero que hizo fue cambiar su código de acceso. Había estado usando el mismo código de cuatro dígitos desde la universidad. Lo reemplazó por una contraseña alfanumérica de doce caracteres.

Luego revisó los permisos de las aplicaciones. Descubrió que un juego que no usaba desde hacía meses tenía acceso a su cámara y micrófono. Revocó el acceso inmediatamente. También encontró aplicaciones que rastreaban su ubicación constantemente sin necesidad.

Decidió mejorar su mensajería: dejó de usar SMS y descargó Signal como su aplicación principal.

Después revisó sus redes Wi-Fi guardadas—tenía docenas. Las eliminó y desactivó la conexión automática.

Apagó Bluetooth cuando no lo usaba, desactivó el rastreo publicitario y eliminó el historial de ubicaciones significativas.

También activó copias de seguridad cifradas y herramientas de monitoreo de datos.

A la mañana siguiente, su teléfono no solo era más rápido—también era más seguro y privado.

Semanas después, ayudó a una amiga a recuperar su seguridad digital aplicando las mismas medidas.

Riley no se convirtió en experta, pero dejó de ser vulnerable.

Adoptó una nueva regla: revisar su seguridad digital cada mes. Porque proteger tu teléfono no es solo tecnología—es tranquilidad.

Capítulo 5: Protección De Archivos Personales, Fotos Y Datos En La Nube

Tu teléfono inteligente es mucho más que un simple dispositivo de comunicación—es una bóveda personal. Almacena miles de fotos, documentos privados, identificaciones escaneadas, contratos, registros financieros e incluso notas altamente sensibles. Aunque los smartphones ofrecen una comodidad extraordinaria para gestionar tu vida diaria, esa misma comodidad los convierte en objetivos de alto valor para robos, hackeos y vigilancia. Si tus archivos, fotos o cuentas en la nube se ven comprometidos, el impacto puede ser devastador—desde el robo de identidad y la extorsión hasta pérdidas financieras y un fuerte estrés emocional.

El primer paso para proteger tus datos personales es comprender cómo se almacenan y comparten. La mayoría de los usuarios móviles depende en gran medida de servicios en la nube como iCloud, Google Drive, OneDrive o Dropbox para guardar y respaldar archivos. Estos servicios son eficientes y prácticos, pero no son inmunes a ataques ni a filtraciones de datos. Una brecha en tu cuenta en la nube puede dar a los atacantes acceso a toda tu vida digital, especialmente si reutilizas contraseñas o no utilizas autenticación de dos factores.

Comienza asegurando tus cuentas en la nube con contraseñas fuertes, únicas y difíciles de adivinar, y activa la autenticación en dos factores (2FA). Evita utilizar 2FA basado en SMS siempre que sea posible, ya que puede ser interceptado mediante técnicas como el "SIM swapping". En su lugar, utiliza aplicaciones de autenticación como Authy, Google Authenticator o Microsoft Authenticator. Para un nivel aún mayor de seguridad, considera el uso de una llave física como YubiKey.

A continuación, revisa los permisos de compartición de archivos almacenados en la nube. Es muy común olvidar que un documento que compartiste hace meses o incluso años puede seguir siendo accesible a través de un enlace público o semiprivado. Accede a la configuración de tu almacenamiento en la nube y realiza una auditoría de todos los archivos y carpetas compartidos. Revoca el acceso a cualquier contenido que ya no necesite ser compartido y evita utilizar la opción de "Cualquiera con el enlace puede ver" a menos que sea absolutamente necesario.

Cifra los archivos sensibles antes de subirlos a la nube. Puedes utilizar herramientas como Cryptomator (compatible con Android e iOS), VeraCrypt o 7-Zip para proteger tus archivos con contraseña antes de almacenarlos en línea. De esta manera, incluso si tu cuenta en la nube es vulnerada, los archivos permanecerán ilegibles sin la clave de descifrado.

En tu teléfono, utiliza aplicaciones de bóveda segura para almacenar fotos privadas, documentos PDF y notas confidenciales. Muchas de estas aplicaciones crean contenedores cifrados protegidos por contraseña que no son accesibles desde el explorador de archivos o la galería convencional. Ejemplos incluyen Keepsafe, Folder Lock o Proton Drive. Asegúrate de que estas aplicaciones estén siempre actualizadas y que utilicen bloqueo biométrico además de contraseñas robustas.

Para proteger tus fotos, desactiva la sincronización automática de carpetas sensibles a menos que confíes plenamente en la seguridad del proveedor de la nube. Si utilizas Google Photos o iCloud, revisa cuidadosamente qué carpetas se están respaldando. Considera crear una bóveda privada separada para fotos de identificaciones, recibos u otros documentos que no deseas que se filtren o sean accesibles sin autorización.

También debes tener precaución con las aplicaciones de escaneo. Estas herramientas se utilizan comúnmente para digitalizar pasaportes, licencias o documentos fiscales, pero muchas almacenan automáticamente los archivos en servidores en la nube. Elige aplicaciones que ofrezcan almacenamiento local, cifrado de extremo a extremo y políticas de privacidad claras. Opciones como Adobe Scan, Scanbot o Genius Scan+ son consideradas más seguras en este aspecto.

Realiza copias de seguridad de tus archivos de forma regular utilizando dispositivos externos cifrados, como discos duros o tarjetas SD, y guarda esas copias en un lugar seguro. Aunque la nube es conveniente, no es infalible—los archivos pueden eliminarse, corromperse o quedar bloqueados debido a ataques de ransomware. Una copia de seguridad local y offline es tu última línea de defensa.

Presta especial atención a los permisos de acceso a archivos que solicitan las aplicaciones. Algunas apps—especialmente editores de fotos, redes sociales o gestores de archivos—solicitan acceso completo a tu galería o sistema de archivos sin una necesidad real. Evalúa si la aplicación realmente requiere ese acceso o si existe una alternativa más respetuosa con la privacidad.

Como capa adicional de protección, puedes instalar suites de seguridad móvil que incluyan detección de filtraciones de datos y funciones antirrobo. Herramientas como Bitdefender Mobile Security, Avast Mobile Security o Lookout pueden alertarte si tu información aparece en filtraciones conocidas y permitirte borrar tus datos de forma remota si pierdes el dispositivo.

En última instancia, proteger tus archivos personales y fotos se basa en un principio fundamental: si algo es valioso para ti, también lo es para alguien más. Trata cada foto, documento o archivo con el mismo nivel de cuidado que le darías a tu billetera o tu pasaporte. Cífralo, protégelo y mantén control sobre dónde se almacena—y estarás muy por delante de la mayoría de los usuarios que, sin darse cuenta, dejan su vida completamente expuesta.

En el siguiente capítulo, profundizaremos en cómo proteger tus comunicaciones móviles, incluyendo mensajería segura, llamadas cifradas y videollamadas privadas.

Historia: El extraño correo de Natasha

Natasha era una abogada independiente exitosa que gestionaba toda su práctica desde su teléfono y su laptop. Contratos, notas de casos, archivos confidenciales de clientes—todo estaba organizado en carpetas perfectamente estructuradas en su Google Drive. Su iPhone se sincronizaba automáticamente con iCloud, y utilizaba Dropbox para respaldar documentos escaneados e identificaciones.

Pero un día, esa organización digital se convirtió en una vulnerabilidad.

Mientras incorporaba a un nuevo cliente corporativo, recibió un correo extraño. Parecía provenir de Google, alertando sobre un intento de acceso desde un dispositivo en Rusia. Inicialmente pensó que era un intento de phishing—hasta que revisó la actividad de inicio de sesión. Allí estaba: un acceso real desde Moscú. Alguien había entrado.

Entrando en pánico, Natasha cambió su contraseña y cerró sesión en todos los dispositivos. Pero el daño ya estaba hecho. Dos contratos legales confidenciales y una carpeta titulada "Clientes_2024" habían sido descargados. Ese mismo día recibió un correo anónimo con una captura de uno de esos documentos y una exigencia de $5,000 en criptomonedas a cambio de no filtrar la información.

Se quedó paralizada. Su reputación, construida durante años, estaba en riesgo.

Tras recuperarse, contactó a un especialista en ciberseguridad. Juntos investigaron la brecha. Descubrieron que Natasha había reutilizado una versión ligeramente modificada de la misma contraseña en múltiples cuentas. Esa contraseña había sido filtrada anteriormente, y sin autenticación de dos factores, su cuenta de Google Drive se convirtió en un objetivo fácil.

El especialista le dijo algo que nunca olvidaría: "Tu cuenta en la nube no es privada a menos que tú la hagas privada. Y tu teléfono es tan seguro como tu contraseña más débil."

De inmediato implementaron mejoras de seguridad: activaron 2FA con llave física, cifraron archivos con Cryptomator y dejaron de usar aplicaciones que sincronizaban datos automáticamente sin control.

Natasha también revisó su galería: tenía más de 5,000 fotos, incluyendo documentos sensibles. Eliminó muchas, desactivó respaldos automáticos y creó una bóveda privada con protección biométrica.

En pocos días pasó de estar expuesta a estar protegida.

Semanas después, compartió su experiencia en un seminario para emprendedoras, enseñando cómo proteger datos y evitar errores comunes.

Natasha no era experta en tecnología—pero ahora era más segura que la mayoría.

Su lección fue clara: no esperes a ser víctima para actuar. Si es importante guardarlo, es importante protegerlo.

Capítulo 6: Mensajería, Llamadas Y Videollamadas Seguras En Dispositivos Móviles

Los mensajes de texto, las llamadas de voz y las videollamadas son las formas más comunes en que las personas se comunican a través de sus teléfonos inteligentes. Sin embargo, lo que muchos usuarios no comprenden es que estas conversaciones no siempre son privadas. Desde aplicaciones de mensajería predeterminadas inseguras hasta plataformas de video sin cifrado y proveedores de telecomunicaciones que registran datos, tus comunicaciones móviles están mucho más expuestas de lo que imaginas. En una era dominada por la vigilancia digital y la recopilación masiva de datos, proteger tus conversaciones no es un lujo—es una necesidad absoluta.

Comencemos con los mensajes de texto tradicionales (SMS). El SMS es uno de los métodos de comunicación menos seguros que existen. Los mensajes se transmiten en texto plano, lo que significa que pueden ser interceptados por operadores telefónicos, autoridades o incluso atacantes que utilizan tecnología de interceptación de señales. En muchos países, los registros de SMS—incluyendo contenido, hora y destinatario—se almacenan durante meses o incluso años. Si valoras tu privacidad, el uso de SMS debería limitarse exclusivamente a conversaciones no sensibles.

En lugar de ello, es recomendable utilizar aplicaciones de mensajería con cifrado de extremo a extremo, donde únicamente el emisor y el receptor pueden leer el contenido de los mensajes—ni siquiera el proveedor del servicio puede acceder a ellos. Entre las opciones más destacadas se encuentran:

Signal: Considerada ampliamente como la aplicación de mensajería más segura. Es de código abierto, no contiene anuncios, no recopila metadatos y ofrece funciones como mensajes que desaparecen, protección de pantalla y llamadas de voz y video cifradas.

WhatsApp: Propiedad de Meta, utiliza cifrado de extremo a extremo para mensajes y llamadas, aunque recopila metadatos como con quién te comunicas y cuándo.

Telegram: Ofrece cifrado de extremo a extremo únicamente en los "chats secretos" (no por defecto). Su sistema basado en la nube es rápido, pero menos privado si no se activan las funciones de seguridad.

Threema y Wire: Menos populares, pero altamente seguras y enfocadas en la privacidad, ideales para profesionales y entornos empresariales.

En cuanto a llamadas de voz y videollamadas, es importante entender que la aplicación predeterminada de tu teléfono generalmente utiliza redes del operador (VoLTE o GSM), las cuales no cuentan con cifrado de extremo a extremo. Esto significa que las conversaciones pueden ser registradas o interceptadas mediante vulnerabilidades como el protocolo SS7. Para llamadas privadas, es preferible utilizar aplicaciones como Signal, WhatsApp o FaceTime (en dispositivos iOS), que sí ofrecen cifrado completo.

También debes prestar especial atención a los permisos de micrófono y cámara. Muchas aplicaciones solicitan acceso a estos recursos incluso cuando no están en uso. Es fundamental revisar en la configuración si alguna aplicación está accediendo al micrófono o la cámara en segundo plano. Tanto iOS como Android muestran indicadores visuales cuando estos están activos, generalmente en forma de un punto de color en la pantalla.

Limita el acceso al micrófono únicamente a aplicaciones de confianza y desactívalo por completo en aquellas que no lo necesiten. En Android, puedes hacerlo desde Configuración >

Privacidad > Administrador de permisos > Micrófono. En iOS, desde Configuración > Privacidad y Seguridad > Micrófono.

Si utilizas plataformas de videoconferencia como Zoom, Google Meet o Microsoft Teams, debes saber que no todas ofrecen cifrado completo. Algunas plataformas solo incluyen cifrado avanzado en versiones de pago, mientras que otras recopilan una gran cantidad de metadatos. Para conversaciones sensibles, como reuniones legales o negociaciones empresariales, es recomendable utilizar opciones más seguras como Signal o Jitsi Meet, que es de código abierto y gratuito.

Para una mayor protección, puedes considerar el uso de números temporales o aplicaciones que generen números desechables. Herramientas como Burner o Hushed permiten crear números temporales para llamadas y mensajes, lo que te permite comunicarte sin exponer tu número real en situaciones de riesgo.

Otro aspecto clave es la ingeniería social a través de plataformas de mensajería. Los atacantes pueden hacerse pasar por contactos de confianza para engañarte y lograr que hagas clic en enlaces maliciosos, descargues software espía o compartas información confidencial. Siempre verifica la identidad de quien envía solicitudes urgentes, especialmente si involucran dinero, contraseñas o archivos privados.

Para reforzar aún más la seguridad, utiliza funciones como autenticación en dos factores en todas tus aplicaciones de mensajería, códigos PIN para acceder a chats y mensajes que se eliminan automáticamente después de cierto tiempo. Muchas aplicaciones también permiten proteger conversaciones específicas con bloqueo biométrico o contraseñas adicionales.

No olvides revisar las copias de seguridad de tus mensajes. Algunas aplicaciones, como WhatsApp, almacenan respaldos en Google Drive o iCloud—y estos respaldos no siempre están cifrados, incluso si los mensajes sí lo están. Desactiva los respaldos automáticos o activa el cifrado si la aplicación lo permite.

En resumen, proteger tus comunicaciones no depende únicamente de elegir la aplicación correcta. Requiere una combinación de herramientas cifradas, control de permisos, protección de cuentas y hábitos digitales inteligentes. Cada mensaje que envías puede permanecer privado—o convertirse en una oportunidad para alguien más.

En el siguiente capítulo, exploraremos las trampas de aplicaciones móviles, el malware y el spyware, y cómo incluso aplicaciones aparentemente legítimas pueden convertir tu teléfono en una herramienta de vigilancia.

Historia: Cómo Lena aprendió la importancia del cifrado

Lena trabajaba en periodismo de investigación. Su labor consistía en exponer casos de corrupción en empresas y gobiernos, lo que implicaba interactuar con fuentes confidenciales y denunciantes. Aunque era rigurosa en su trabajo, no había considerado completamente lo vulnerables que eran sus hábitos de comunicación móvil.

Utilizaba SMS para comunicarse con sus fuentes, realizaba llamadas mediante la aplicación predeterminada de su operador y utilizaba videollamadas para entrevistas. Un día, mientras investigaba un caso importante, una fuente le advirtió: "Ten cuidado. Podrían estar vigilándote."

Al principio, lo ignoró. No estaba hackeando sistemas—solo informando hechos. Pero esa misma noche, notó comportamientos extraños en su teléfono. La luz de la cámara parpadeó brevemente sin razón aparente. El dispositivo se calentaba sin uso y una llamada con su editor se cortó repentinamente.

Al día siguiente, acudió a un experto en seguridad digital. Tras revisar su dispositivo, el experto le dijo con seriedad: "Tus mensajes y llamadas no están cifrados. Estás usando aplicaciones predeterminadas. Y tu micrófono ha sido accedido por una aplicación de terceros sin tu conocimiento."

Lena sintió un vacío en el estómago.

El experto le explicó que sus comunicaciones podían haber sido interceptadas fácilmente. Los SMS pueden ser capturados mediante técnicas de suplantación de torres celulares, y las llamadas tradicionales no están cifradas. Sus conversaciones, incluidas aquellas con fuentes vulnerables, podían haber sido grabadas.

De inmediato comenzaron a reforzar la seguridad de su dispositivo. Instalaron Signal, activaron autenticación en dos factores y configuraron un PIN adicional para proteger el acceso a la aplicación.

También desactivaron el acceso al micrófono para todas las aplicaciones innecesarias. Lena se sorprendió al descubrir que varias apps tenían acceso sin razón.

Desactivaron las copias de seguridad en la nube y configuraron métodos de comunicación más seguros.

A partir de ese momento, Lena cambió completamente sus hábitos. Utilizaba mensajería cifrada, revisaba permisos constantemente y protegía cada conversación.

Meses después, publicó su investigación con éxito. Sus fuentes permanecieron seguras y su información protegida.

Aprendió que, en el mundo digital, proteger tus comunicaciones es tan importante como proteger tus datos.

Capítulo 7: Trampas De Aplicaciones Móviles, Malware Y Amenazas De Spyware

No todas las aplicaciones móviles son lo que aparentan ser. Muchas se presentan como herramientas útiles, juegos atractivos o plataformas de entretenimiento inofensivas—pero detrás de esa apariencia amigable, pueden estar recolectando tus datos, instalando software de rastreo o incluso funcionando como spyware sin que lo sepas. En la actualidad, el teléfono inteligente moderno se ha convertido en una auténtica mina de oro tanto para desarrolladores como para atacantes, y los usuarios que no logran identificar estas trampas quedan expuestos a vigilancia constante, robo de identidad, manipulación de datos o situaciones aún más graves. En este capítulo, vamos a profundizar en las amenazas más comunes relacionadas con aplicaciones móviles y cómo puedes protegerte de los peligros ocultos que se esconden detrás de simples descargas.

Comencemos con las aplicaciones maliciosas. Estas son aplicaciones que aparentan ser legítimas, pero que en realidad están diseñadas para robar información, instalar malware o tomar control de funciones del dispositivo. Este tipo de aplicaciones suele encontrarse con mayor frecuencia en tiendas de terceros o en sitios web poco confiables que ofrecen archivos APK para Android. Sin embargo, el riesgo no se limita a estas fuentes: algunas aplicaciones maliciosas han logrado infiltrarse incluso en tiendas oficiales como Google Play o la App Store de Apple, disfrazadas como linternas, fondos de pantalla, escáneres de códigos QR o herramientas utilitarias aparentemente inofensivas.

Una vez instaladas, estas aplicaciones suelen solicitar permisos excesivos que no tienen relación con su función principal. A partir de ese momento, comienzan a enviar datos a servidores remotos, monitorear tu comportamiento o recopilar información sensible sin tu consentimiento explícito.

Uno de los tipos de amenazas más peligrosos es el spyware, también conocido como *stalkerware*. Estas aplicaciones están diseñadas específicamente para espiar de forma silenciosa: pueden rastrear tu ubicación en tiempo real, leer tus mensajes de texto, registrar tu historial de llamadas, acceder a tus fotos e incluso activar el micrófono o la cámara sin que tengas conocimiento de ello. En muchos casos, el spyware es instalado por alguien con acceso físico temporal a tu dispositivo—como una pareja, un empleador o incluso un desconocido. Además, estas aplicaciones suelen ejecutarse en segundo plano y permanecen ocultas, sin aparecer en la pantalla principal o en la lista visible de aplicaciones.

El spyware también puede disfrazarse como actualizaciones del sistema o utilizar nombres genéricos como "Servicios del sistema" o "Asistente del dispositivo" para evitar ser detectado. Algunas de estas herramientas se comercializan abiertamente como aplicaciones de control parental o monitoreo laboral, pero en la práctica se utilizan con frecuencia para vigilancia abusiva o acoso. Una vez activas, estas aplicaciones transmiten datos constantemente y pueden permitir incluso el control remoto del micrófono, la pantalla o las funciones del dispositivo.

Para protegerte de estas amenazas, el primer paso es revisar regularmente las aplicaciones instaladas en tu dispositivo. Si encuentras aplicaciones que no recuerdas haber descargado o que solicitan permisos sospechosos, elimínalas inmediatamente. En Android, puedes ir a Configuración > Aplicaciones > Ver todas las aplicaciones y ordenar por las más recientes. En iPhone, accede a Configuración > General > Almacenamiento del iPhone. También es importante revisar los privilegios de "Administrador del dispositivo" en Android, ya que algunas aplicaciones espía obtienen permisos elevados haciéndose pasar por herramientas del sistema.

El siguiente paso es instalar aplicaciones de seguridad móvil o antimalware de empresas reconocidas como Bitdefender, Malwarebytes, Norton o Avast. Estas herramientas pueden escanear tu dispositivo en busca de spyware oculto, código malicioso y comportamientos sospechosos. Algunas incluso monitorean el uso del micrófono y la cámara para detectar posibles intentos de vigilancia.

Es fundamental descargar aplicaciones únicamente desde fuentes confiables. Evita tiendas de terceros o la instalación manual de aplicaciones desde enlaces en correos electrónicos, mensajes de texto o anuncios emergentes. Antes de instalar cualquier aplicación, revisa cuidadosamente el nombre del desarrollador, los permisos solicitados, las reseñas y la cantidad de descargas. Desconfía de aplicaciones con descripciones genéricas, permisos excesivos o patrones de reseñas sospechosamente similares o publicadas en masa.

Debes tener especial cuidado con las aplicaciones gratuitas que solicitan acceso a tus contactos, almacenamiento, historial de llamadas o datos del dispositivo. Muchas de estas aplicaciones no generan ingresos a través de los usuarios, sino vendiendo tu información a redes publicitarias o intermediarios de datos. Si una aplicación de linterna solicita acceso al micrófono o a la cámara, es una clara señal de alerta.

También es recomendable desactivar la opción que permite instalar aplicaciones desconocidas. En Android, esto se encuentra en Configuración > Aplicaciones > Acceso especial >

Instalar aplicaciones desconocidas, y debe estar desactivado para todas las apps. En iPhone, aunque la instalación externa es más limitada, debes evitar instalar aplicaciones empresariales o perfiles desconocidos a menos que sea absolutamente necesario.

Otro aspecto clave es monitorear el comportamiento de tu dispositivo. Si notas que la batería se agota rápidamente, el teléfono se sobrecalienta, la pantalla permanece activa sin razón o el uso de datos móviles aumenta de forma inusual, estos pueden ser signos de actividad maliciosa en segundo plano. También debes estar atento a ruidos extraños durante llamadas, ventanas emergentes inesperadas o cambios repentinos en el brillo de la pantalla.

Si sospechas que tu dispositivo ha sido comprometido, la opción más segura es realizar una copia de seguridad de tus archivos de forma segura, ejecutar un restablecimiento completo de fábrica e instalar nuevamente las aplicaciones una por una desde fuentes confiables. Evita restaurar datos completos desde la nube si existe la posibilidad de que el spyware esté incluido en los archivos de respaldo.

Por último, educa a las personas a tu alrededor. Niños, parejas y adultos mayores suelen descargar aplicaciones sin revisar los permisos ni los riesgos. Ayúdales a configurar sus dispositivos correctamente, activar controles parentales y establecer hábitos de seguridad digital que reduzcan su exposición.

En un mundo donde millones de aplicaciones están disponibles con un solo toque, tu mejor defensa es la vigilancia constante. Cada aplicación que instalas puede proteger tu privacidad—o drenarla silenciosamente. El objetivo no es evitar el uso de aplicaciones, sino elegirlas con criterio, monitorear su comportamiento y no otorgar confianza ciega a ningún programa sin antes evaluarlo.

En el siguiente capítulo, abordaremos la seguridad física del dispositivo, explorando qué hacer si tu teléfono se pierde, es robado o es confiscado, y cómo prevenir accesos no autorizados en situaciones de alto riesgo.

Historia: La experiencia de Tasha

Tasha era profesora de matemáticas en secundaria durante el día y una apasionada de los podcasts de crímenes reales por la noche. Le encantaba usar su teléfono para organizar planes de clase, comunicarse con amigos y relajarse jugando después de corregir exámenes. Un día, mientras navegaba en redes sociales, vio un anuncio de una aplicación de productividad que prometía ayudarle a gestionar calificaciones, horarios y reuniones con padres en un solo lugar. La aplicación parecía profesional, tenía cientos de reseñas de cinco estrellas y, lo mejor de todo, era gratuita.

La descargó sin pensarlo dos veces.

Durante la primera semana, todo parecía funcionar perfectamente. La aplicación cumplía con lo prometido e incluso le enviaba recordatorios útiles. Pero poco después, comenzaron a suceder cosas extrañas.

Su teléfono vibraba sin motivo aparente, la batería se agotaba mucho más rápido de lo normal y empezó a recibir anuncios sobre cosas que solo había mencionado en voz alta—nunca buscado ni escrito. Un día, mientras entraba al aula, su teléfono se reinició solo y mostró un error desconocido.

Preocupada, se lo comentó a un amigo que trabajaba en tecnología. Él accedió a revisar el dispositivo y realizó un escaneo de seguridad. Lo que encontró fue alarmante.

La aplicación que había instalado fue identificada como spyware. Aunque parecía legítima, estaba recopilando sus contactos, actividad del micrófono, datos de ubicación e incluso el contenido de su portapapeles cada vez que copiaba información. Peor aún, tenía permisos de administrador, lo que le otorgaba control profundo sobre el dispositivo.

"Pensé que era solo una aplicación para la escuela," dijo Tasha, impactada por la cantidad de información que había sido expuesta.

Su amigo le explicó que muchas aplicaciones maliciosas logran pasar los filtros de las tiendas utilizando reseñas falsas y código oculto. Una vez instaladas, operan en silencio y envían datos a terceros.

Juntos eliminaron la aplicación, realizaron un restablecimiento de fábrica y reforzaron la seguridad del dispositivo. También revisaron otras aplicaciones, encontrando varias con permisos innecesarios.

Tasha comprendió que la comodidad la había vuelto vulnerable.

Un mes después, compartió su experiencia en una reunión escolar, enseñando a otros padres cómo proteger a sus hijos.

Desde entonces, adoptó una nueva regla: solo confiar en aplicaciones que realmente lo merezcan.

Su historia es un recordatorio claro: las mayores amenazas no siempre parecen peligrosas—muchas veces se presentan como herramientas útiles.

Capítulo 8: Qué Hacer Si Tu Teléfono Se Pierde, Es Robado O Es Confiscado

Perder tu teléfono ya no es simplemente un inconveniente menor—puede convertirse rápidamente en una verdadera emergencia digital. Ya sea que tu dispositivo se extravíe, sea robado por un ladrón o incluso confiscado por una autoridad, tu vida privada puede quedar expuesta en cuestión de minutos si no cuentas con las protecciones adecuadas. Contactos, aplicaciones bancarias, fotos personales, mensajes, cuentas de redes sociales, documentos y contraseñas almacenadas pueden volverse accesibles para terceros. Sin embargo, con la preparación adecuada, una respuesta rápida y las configuraciones correctas, es posible minimizar el daño—o incluso evitarlo por completo.

Paso 1: Prepárate antes de que ocurra
El mejor momento para proteger tu información es antes de que pierdas el dispositivo. Comienza activando las funciones de rastreo remoto y borrado de datos:

Para usuarios de iPhone, ve a Configuración > [Tu nombre] > Buscar > Buscar mi iPhone, y activa tanto "Buscar mi iPhone" como "Enviar última ubicación".

Para usuarios de Android, ve a Configuración > Seguridad > Encontrar mi dispositivo (o utiliza la aplicación de Google “Find My Device”). Activa el rastreo de ubicación y las opciones de borrado remoto.

Estas herramientas te permiten localizar tu teléfono en un mapa, bloquearlo de forma remota y borrar su contenido si no es posible recuperarlo.

También es fundamental asegurarte de que la pantalla de bloqueo esté correctamente protegida. Utiliza un código de acceso complejo (no solo 4 dígitos) y desactiva las vistas previas de notificaciones para aplicaciones sensibles como mensajes, correo electrónico o banca. Asimismo, elimina el acceso desde la pantalla de bloqueo a funciones como billeteras digitales, controles del hogar inteligente o respuestas rápidas.

Paso 2: Utiliza cifrado y funciones de borrado automático

Tanto iOS como Android cuentan con cifrado integrado que protege los datos almacenados en el dispositivo, incluso si alguien retira la tarjeta SIM o la memoria. En iPhone, el cifrado se activa automáticamente al establecer un código de acceso. En Android, debes verificarlo en Configuración > Seguridad > Cifrado.

También puedes configurar tu teléfono para que borre automáticamente su contenido después de múltiples intentos fallidos de desbloqueo:

En iPhone: Configuración > Face ID y código > Activar "Borrar datos" (tras 10 intentos fallidos).

En Android: Configuración > Pantalla de bloqueo > Ajustes de bloqueo seguro (según el fabricante).

Paso 3: Actúa de inmediato si pierdes o te roban el teléfono
Si tu teléfono desaparece, el tiempo es clave. Debes actuar de forma rápida y decisiva:

Utiliza "Buscar mi iPhone" o "Encontrar mi dispositivo" desde otro equipo para localizarlo. Si aparece cerca, puedes hacer que emita un sonido. Si no, activa el modo perdido (iPhone) o la opción "Asegurar dispositivo" (Android), lo que bloqueará el teléfono y mostrará un mensaje con tus datos de contacto.

Si crees que no podrás recuperarlo, utiliza la función de borrado remoto. Esta es una medida extrema, pero necesaria si el dispositivo cae en manos equivocadas.

Cambia inmediatamente todas tus contraseñas importantes—especialmente correo electrónico, cuentas bancarias y redes sociales. El correo electrónico debe ser la prioridad, ya que desde ahí pueden restablecer el acceso a otras cuentas.

Contacta a tu operador móvil para reportar la pérdida. Ellos pueden desactivar tu tarjeta SIM y evitar usos no autorizados o intentos de fraude.

Presenta una denuncia ante las autoridades locales e incluye información como el modelo, marca y número IMEI del dispositivo. Esto puede ayudar en la recuperación o protegerte en caso de uso indebido.

Paso 4: Protégete ante confiscaciones o inspecciones
En ciertas situaciones—como viajes internacionales, controles fronterizos o investigaciones legales—tu teléfono puede ser confiscado. En estos casos, es importante tomar precauciones adicionales:

Utiliza contraseñas largas y complejas en lugar de métodos biométricos, ya que en algunos lugares la biometría puede ser requerida por autoridades.

Utiliza aplicaciones como Signal, que permiten cifrado avanzado y funciones como PIN adicional para proteger los mensajes.

Desactiva temporalmente la sincronización en la nube para aplicaciones sensibles antes de entrar en entornos de riesgo.

Considera llevar un teléfono secundario con información mínima cuando viajes o participes en eventos de alto riesgo.

Paso 5: Medidas después de recuperar el dispositivo
Si logras recuperar tu teléfono, no asumas que está seguro. Realiza una auditoría completa:

Revisa accesos no autorizados o cambios en la configuración.

Verifica permisos de aplicaciones y sesiones activas en tus cuentas.

Cambia todas las contraseñas almacenadas en el dispositivo.

Si sospechas manipulación, realiza un restablecimiento de fábrica o reinstala el sistema operativo.

Consejo adicional: registra la información de tu dispositivo
Guarda de forma segura:
Número IMEI (marca *#06# para verlo)
Marca y modelo del dispositivo
Comprobante de compra o número de serie
Una copia de seguridad reciente (preferiblemente cifrada)

Estos datos pueden ser fundamentales en reportes policiales, reclamaciones de seguro o para demostrar propiedad.

En resumen, tu teléfono puede ser tu mejor aliado—o tu mayor vulnerabilidad. Tomar medidas preventivas hoy puede evitarte pérdidas legales, financieras y emocionales mañana. Cuantas más capas de seguridad tengas antes de un incidente, menor será el impacto después.

En el siguiente capítulo, exploraremos cómo proteger a familias y niños en el entorno digital, incluyendo controles parentales, navegación segura y estrategias para evitar contenido inapropiado y riesgos en línea.

Historia: El caso de Raj y su teléfono perdido

Raj regresaba a casa después de un largo día de trabajo. Bajó del tren, compró algo de comer y no fue hasta llegar a su apartamento que sintió que algo no estaba bien. Su corazón se detuvo al darse cuenta de que su teléfono—toda su vida digital—había desaparecido. Revisó cada bolsillo, retrocedió sus pasos y lo llamó desde su laptop. Nada. Probablemente había sido robado o lo había dejado en el tren.

El pánico lo invadió. Su teléfono contenía todo: aplicaciones bancarias, autenticaciones de trabajo, fotos familiares, contactos y contraseñas.

Afortunadamente, recordaba haber activado funciones de seguridad meses atrás. Ingresó a "Find My Device" y vio la ubicación del teléfono en un mapa. Sin perder tiempo, lo bloqueó remotamente y mostró un mensaje en pantalla.

Cuando dejó de actualizarse la ubicación, decidió borrar todos los datos.

Luego pasó horas cambiando contraseñas, bloqueando su SIM y contactando a su banco.

Más tarde, reforzó su seguridad: mejor contraseña, sin biometría, apps seguras, copias cifradas y un segundo teléfono para viajes.

La experiencia cambió su mentalidad para siempre.

Ahora comparte su historia para ayudar a otros a protegerse.

Su mensaje final: protege tu teléfono como proteges tu casa—porque contiene todo lo que eres.

Capítulo 9: Seguridad Móvil Para Familias Y Niños

En el mundo actual, altamente conectado, los dispositivos móviles se han convertido en una parte esencial de la vida familiar. Los niños utilizan teléfonos inteligentes y tabletas para realizar tareas escolares, entretenerse y comunicarse—muchas veces desde edades muy tempranas. Aunque la tecnología ofrece beneficios extraordinarios, también abre la puerta a peligros digitales reales: depredadores en línea, contenido inapropiado, ciberacoso, adicción, rastreo de datos y violaciones de la privacidad. Como padre, madre, tutor o cuidador, proteger la experiencia digital de tus hijos es una de las responsabilidades más importantes que tienes en la era moderna.

El primer paso es comprender el panorama de amenazas. Los niños no son simplemente usuarios pasivos—son objetivos activos. Aplicaciones maliciosas, compras dentro de apps, algoritmos de redes sociales e incluso otros usuarios pueden aprovechar la curiosidad y la ingenuidad de los más jóvenes. Muchas veces, los niños no son conscientes de las consecuencias de compartir información personal, hacer clic en anuncios, aceptar solicitudes de amistad o descargar juegos que rastrean su comportamiento. Cada acción aparentemente inocente puede convertirse en una puerta de entrada para riesgos mayores.

El aspecto más importante de la seguridad digital infantil es la comunicación abierta. Los niños deben entender que el uso de un teléfono no es un derecho automático, sino un privilegio que conlleva responsabilidades. Es fundamental explicarles que los riesgos en línea son tan reales como los peligros en el mundo físico, y que tú estás ahí para protegerlos, no para invadir su privacidad. Cuando el enfoque se basa en el acompañamiento y el aprendizaje, en lugar del control estricto, se crea confianza y se fomenta una comunicación honesta.

El siguiente paso es implementar controles parentales y restricciones adecuadas a la edad del niño. En dispositivos iOS, puedes utilizar la función "Tiempo en Pantalla" para crear perfiles, limitar el uso de aplicaciones según la edad, bloquear contenido explícito, restringir descargas y establecer límites de uso por categoría. En Android, la aplicación Family Link permite controlar el tiempo de pantalla, aprobar descargas, bloquear sitios web y monitorear el uso del dispositivo. Estas herramientas no solo protegen, sino que también educan sobre el uso responsable de la tecnología.

También es recomendable activar SafeSearch en motores de búsqueda como Google y YouTube. Para niños más pequeños, aplicaciones como YouTube Kids ofrecen filtros más estrictos para evitar contenido inapropiado. Además, puedes utilizar navegadores seguros o suites de seguridad móvil que incluyan filtros parentales, como Qustodio, Norton Family, Bark o Net Nanny. Estas herramientas permiten supervisar el contenido al que acceden los niños, bloquear material peligroso y recibir alertas sobre comportamientos sospechosos—sin necesidad de invadir completamente su privacidad.

Es igualmente importante enseñar a los niños sobre privacidad desde una edad temprana. Deben comprender por qué no deben compartir información como su nombre completo, dirección, escuela o fotos con desconocidos. También es fundamental explicarles qué significa el rastreo de datos y cómo muchas aplicaciones aparentemente inofensivas recopilan información sobre su ubicación, contactos y hábitos para crear perfiles digitales.

Desactiva el rastreo de ubicación en la mayoría de las aplicaciones. A menos que sea absolutamente necesario—como en una app familiar de localización—los dispositivos de los niños no deberían transmitir su ubicación en tiempo real. Asimismo, desactiva funciones como Bluetooth y AirDrop o Nearby Share cuando no se utilicen, ya que pueden ser explotadas para enviar archivos o mensajes no deseados.

Habla abiertamente sobre el ciberacoso y el acoso en línea. Asegúrate de que tu hijo sepa cómo bloquear y reportar usuarios, y que se sienta seguro al acudir a ti si algo le incomoda. Las redes sociales como Instagram, Snapchat o TikTok suelen ser espacios donde se presentan estos problemas, por lo que es fundamental que los niños sepan identificar situaciones de riesgo.

Establecer límites claros de tiempo de pantalla también es esencial. El uso excesivo de dispositivos móviles en niños se ha relacionado con problemas de sueño, falta de concentración y ansiedad. Define zonas libres de dispositivos—como el dormitorio durante la noche o la mesa durante las comidas—y establece horarios sin pantallas.

Utiliza herramientas de gestión del dispositivo para fomentar hábitos saludables, no para controlar de manera excesiva. Las aplicaciones que ofrecen informes semanales de uso ayudan a los niños a entender su comportamiento digital y desarrollar autocontrol. Enseñarles a autorregularse es una de las habilidades más valiosas a largo plazo.

Además, refuerza la seguridad con medidas básicas: utiliza contraseñas seguras o bloqueo biométrico, desactiva compras sin autorización y mantén los dispositivos siempre actualizados. También es recomendable almacenar información sensible—como datos financieros o documentos familiares—en dispositivos o cuentas controladas por los padres.

Finalmente, da el ejemplo. Los niños aprenden observando. Si tú utilizas tu teléfono de manera responsable, proteges tu privacidad y mantienes buenos hábitos digitales, ellos tenderán a hacer lo mismo. Comparte tus propias prácticas, habla de errores y convierte la seguridad digital en un valor familiar constante, no en una lección ocasional.

En resumen, el objetivo de la seguridad móvil para niños no es aislarlos del mundo digital, sino prepararlos con conocimiento, límites y hábitos que los protegerán a lo largo de toda su vida. A medida que crecen, puedes otorgarles mayor autonomía, siempre basada en la confianza, la transparencia y una educación tecnológica sólida.

En el capítulo final, exploraremos el futuro de la seguridad móvil, incluyendo nuevas tecnologías, amenazas emergentes y cómo mantenerse siempre un paso adelante en un mundo cada vez más conectado.

Historia: Por qué Monica instaló Family Link

Monica era una madre soltera que hacía todo lo posible por equilibrar el trabajo, la crianza y su vida personal. Su hijo de

10 años, Leo, llevaba meses pidiéndole un teléfono inteligente. Todos sus amigos tenían uno, y él quería jugar, enviar mensajes y ver videos después de la escuela. Al principio, Monica se resistió, pero finalmente decidió comprarle un teléfono Android básico con funciones limitadas.

Al principio, todo parecía ir bien. Leo utilizaba aplicaciones educativas, veía videos inocentes y enviaba mensajes llenos de emojis a sus abuelos. Pero con el paso de las semanas, Monica comenzó a notar cambios en su comportamiento. Se quedaba despierto más tarde, se molestaba cuando le quitaban el teléfono y, un día, lo escuchó hablando en una videollamada con alguien desconocido.

Esa noche, Monica decidió hablar con él. Le preguntó con calma con quién estaba hablando. Leo respondió: "Un chico que conocí en un juego. Dice que tiene 12 años."

El corazón de Monica se aceleró. Revisó la aplicación y descubrió que tenía acceso al micrófono, la ubicación y la cámara, además de permitir comunicación directa con desconocidos.

En ese momento, comprendió que había entregado a su hijo una herramienta poderosa—y potencialmente peligrosa. Decidió actuar de inmediato.

Instaló Family Link, limitó el tiempo de uso, controló las descargas y revisó cada aplicación instalada. También configuró YouTube Kids y activó filtros de búsqueda segura.

Pero lo más importante fue la conversación. Le explicó a Leo los riesgos, la importancia de la privacidad y que no todos en internet son quienes dicen ser.

Establecieron reglas claras: no usar el teléfono después de cierta hora y no descargar aplicaciones sin permiso.

Con el tiempo, Leo comenzó a tomar mejores decisiones por sí mismo.

Meses después, Monica compartió su experiencia con otros padres, ayudándolos a proteger a sus hijos.

El mayor cambio no fue tecnológico—fue la confianza y la comunicación.

Leo no solo estaba más seguro—se estaba convirtiendo en un ciudadano digital responsable.

Capítulo 10: El Futuro De La Seguridad Móvil – Tendencias, Amenazas Y Cómo Mantenerse Un Paso Adelante

La seguridad móvil ya no es opcional—es una necesidad viva, dinámica y en constante evolución. A medida que los teléfonos inteligentes se vuelven más potentes y se integran profundamente en todos los aspectos de nuestra vida diaria, las amenazas que los atacan también se vuelven más sofisticadas, persistentes y prácticamente invisibles. Comprender lo que viene en el futuro no es solo una ventaja—es una obligación si deseas mantener el control sobre tu información, tu identidad y tu privacidad digital. En este capítulo final, exploraremos las principales tendencias en la seguridad móvil, las amenazas emergentes que debes vigilar y cómo puedes preparar tu vida digital para resistir los desafíos del mañana.

Uno de los cambios más importantes que ya está transformando el panorama de la seguridad es el uso de la inteligencia artificial (IA), tanto en ataques como en sistemas de defensa. Los ciberdelincuentes están utilizando IA para automatizar campañas de phishing, generar mensajes falsos extremadamente realistas y analizar patrones de comportamiento para lanzar ataques altamente dirigidos. Esto significa que los ataques ya no son genéricos—son personalizados, precisos y diseñados específicamente para engañarte.

Los deepfakes, tanto de audio como de video, representan otra evolución preocupante. Hoy en día, es posible recrear la voz de una persona o generar videos falsos que parecen completamente reales. Esto puede ser utilizado para suplantar identidades, manipular decisiones o engañar a las personas para que compartan información sensible creyendo que están hablando con alguien de confianza.

Sin embargo, la inteligencia artificial también está revolucionando la defensa. Los sistemas modernos de seguridad ya utilizan IA para detectar amenazas en tiempo real, analizar comportamientos anómalos y prevenir filtraciones de datos antes de que ocurran. Funciones como autenticación biométrica avanzada, control de acceso basado en comportamiento y firewalls inteligentes serán cada vez más comunes en los dispositivos móviles. En el futuro, tu teléfono no solo reaccionará ante amenazas—las anticipará. Pero este avance también implica una mayor dependencia de los datos, lo que plantea nuevos desafíos sobre privacidad.

Otra tendencia crítica es el aumento de los ataques de tipo "zero-click". Estos ataques no requieren ninguna interacción del usuario. No necesitas hacer clic, descargar ni aceptar nada. Un simple mensaje entrante, una llamada perdida o la recepción de un archivo pueden ser suficientes para comprometer el dispositivo. Estos ataques aprovechan vulnerabilidades desconocidas—llamadas vulnerabilidades "zero-day"—que aún no han sido corregidas por los desarrolladores. Aunque son relativamente raros, son extremadamente peligrosos, especialmente para periodistas, empresarios, activistas o cualquier persona con información sensible.

Para protegerte contra este tipo de amenazas, es esencial mantener tu dispositivo siempre actualizado, desactivar servicios innecesarios y reducir tu exposición digital. Utilizar aplicaciones de mensajería seguras como Signal y evitar plataformas que cargan contenido automáticamente también puede marcar una gran diferencia.

El crecimiento del spyware avanzado y las herramientas de vigilancia gubernamental también está redefiniendo la seguridad móvil. Casos como Pegasus han demostrado que incluso dispositivos altamente protegidos pueden ser vulnerados por actores con suficientes recursos. Lo más preocupante es que estas tecnologías, con el tiempo, pueden volverse más accesibles, lo que significa que no solo los gobiernos, sino también individuos o empresas podrían utilizarlas.

Como respuesta, veremos un mayor enfoque en el hardware seguro. Dispositivos con enclaves de seguridad integrados, llaves físicas de autenticación y sistemas operativos centrados en la privacidad—como GrapheneOS—están ganando relevancia. También surgirán alternativas a los ecosistemas tradicionales como Google o Apple, especialmente para usuarios que desean reducir su exposición a sistemas basados en la recopilación de datos.

La evolución de la biometría también jugará un papel fundamental. Más allá de huellas digitales y reconocimiento facial, veremos biometría pasiva: patrones de escritura, forma de caminar, ritmo cardíaco o incluso la manera en que sostienes el teléfono. Aunque estas tecnologías prometen mayor seguridad, también plantean preguntas importantes: ¿quién almacena estos datos? ¿cómo se utilizan? ¿y qué sucede si son comprometidos?

Otro cambio significativo es el crecimiento de las billeteras digitales y las identidades móviles. Tu teléfono pronto será tu identificación completa: tarjetas de embarque, documentos oficiales, licencias de conducir, certificados médicos e incluso activos financieros. Esto hace que perder tu dispositivo o ser víctima de un ataque sea mucho más grave que antes. Por ello, las copias de seguridad cifradas, la autenticación multifactor y las opciones de recuperación offline serán esenciales en el futuro.

Además, con la expansión del 5G y futuras tecnologías, habrá más dispositivos conectados que nunca: electrodomésticos inteligentes, vehículos, relojes, sensores y sistemas domésticos. Esto amplía la superficie de ataque. Los hackers ya no solo apuntarán a tu teléfono, sino a todo el ecosistema que lo rodea. La seguridad dejará de ser un problema individual para convertirse en un desafío sistémico.

Entonces, ¿cómo puedes prepararte para este futuro?

Mantente informado: sigue fuentes confiables sobre ciberseguridad. Las amenazas evolucionan constantemente, y tu conocimiento debe evolucionar con ellas.

Reduce tu huella digital: elimina aplicaciones innecesarias, limita permisos y borra cuentas que ya no utilizas.

Aplica seguridad en capas: combina bloqueo biométrico, contraseñas fuertes, mensajería cifrada, VPN y navegadores seguros.

Controla tus copias de seguridad: utiliza respaldos cifrados, preferiblemente también offline.

Protege tu identidad: evita compartir información personal innecesaria y sé consciente de lo que almacenas en tu dispositivo.

Realiza auditorías periódicas: revisa permisos, configuraciones y aplicaciones al menos cada tres meses.

El futuro de la seguridad móvil no consiste en eliminar todos los riesgos—eso es imposible. Se trata de tomar decisiones inteligentes, desarrollar hábitos sólidos y mantenerse siempre un paso adelante. En un entorno donde los ataques son silenciosos y las amenazas invisibles, tu mayor defensa es tu conciencia.

Historia: El caso del spyware en la familia de Julian y Maya

Julian y Maya eran una pareja moderna que vivía en los suburbios, rodeados de tecnología. Su hogar estaba lleno de dispositivos inteligentes: cerraduras digitales, asistentes de voz, cámaras de seguridad y teléfonos para cada miembro de la familia, incluso para su hija de 8 años. Todo estaba conectado, sincronizado y optimizado para la comodidad.

Pero una noche, viendo un documental sobre spyware, todo cambió.

El programa mostraba cómo un periodista fue hackeado sin hacer nada—sin hacer clic, sin descargar nada. Solo una llamada perdida fue suficiente para comprometer su dispositivo. El atacante obtuvo acceso completo: cámara, mensajes, contactos y aplicaciones cifradas.

Julian quedó impactado. Miró a Maya y dijo: "Si esto le puede pasar a él, ¿qué nos podría pasar a nosotros?"

Decidieron actuar.

Primero revisaron las actualizaciones. Algunos dispositivos no se habían actualizado en meses. Activaron actualizaciones automáticas en todo, incluso en el router.

Luego cambiaron su forma de comunicarse: adoptaron Signal, activaron mensajes que desaparecen y dejaron de usar SMS para temas importantes.

Instalaron llaves físicas de seguridad en sus cuentas principales y desactivaron desbloqueo biométrico en situaciones sensibles.

También desactivaron rastreo publicitario y limitaron el acceso a la ubicación.

Maya se enfocó en sus hijos, enseñándoles sobre privacidad digital.

Con el tiempo, la familia dejó de sentir miedo y comenzó a sentir control.

Aprendieron que la seguridad no es una configuración—es un hábito diario.

Un año después, no había ocurrido ningún incidente. Y eso era precisamente el objetivo.

Su conclusión fue clara: no necesitas la mejor tecnología—necesitas la mentalidad correcta.

Ya no eran solo usuarios—eran guardianes de su vida digital.

La Seguridad No Es Un Destino—Es Una Práctica Continua

Has llegado al final de este libro, pero tu camino hacia la seguridad móvil apenas comienza.

Vivimos en un mundo donde nuestros teléfonos ya no son simples herramientas—son extensiones digitales de nosotros mismos. Saben a dónde vamos, con quién hablamos, qué buscamos, cómo gastamos e incluso qué pensamos cuando nadie más está mirando. Y precisamente porque saben tanto, deben ser protegidos con la misma urgencia, vigilancia y cuidado con los que protegemos nuestros hogares, nuestras familias y nuestra identidad.

A lo largo de este libro, hemos recorrido cada capa de la protección móvil—desde la configuración de la pantalla de bloqueo hasta el uso de mensajes cifrados, desde auditorías de permisos de aplicaciones hasta la detección de spyware y amenazas remotas. Ahora entiendes algo fundamental: las amenazas no siempre parecen amenazas. Muchas veces se presentan disfrazadas de comodidad, descargas gratuitas o configuraciones predeterminadas que nunca fueron revisadas.

También has comprendido que el objetivo de la seguridad no es generar miedo ni paranoia—es generar libertad. Cuando tomas el control de tu dispositivo, de tus datos y de tus hábitos digitales, comienzas a moverte por el mundo con mayor confianza, claridad y tranquilidad.

Has aprendido a:
Fortalecer tu teléfono con configuraciones inteligentes desde el inicio
Elegir las herramientas adecuadas de mensajería y videollamadas para una privacidad real
Proteger tus fotos, archivos y datos en la nube contra filtraciones y vulneraciones
Identificar y eliminar aplicaciones maliciosas o manipuladoras
Prepararte para situaciones críticas como robos, confiscaciones o pérdida del dispositivo
Guiar a tus hijos y a tu familia hacia un uso digital seguro y responsable
Mantenerte un paso adelante frente a amenazas futuras mediante hábitos, herramientas y conciencia

Y lo más importante: has aprendido que la seguridad no es un destino—es una práctica constante. Necesitarás revisar tus configuraciones, replantear tus herramientas y seguir educándote a medida que la tecnología evoluciona. Lo que hoy es seguro puede no serlo mañana. Pero con la mentalidad adecuada, estarás preparado no solo para adaptarte, sino para prosperar en cualquier entorno digital.

La serie Cyber Shield Academy existe precisamente para ayudarte a lograr eso: desarrollar una verdadera alfabetización digital en una era marcada por la distracción, la manipulación y la vigilancia invisible.

Gracias por comprometerte con este conocimiento. Si este libro te ha resultado útil, compártelo con alguien que te importe: un amigo, un padre, un adolescente o un colega. La seguridad digital afecta a todos, y al difundir esta información, no solo te estás protegiendo a ti mismo—estás contribuyendo a construir un entorno más seguro para los demás.

Mantente alerta. Protege tu privacidad. **Y recuerda: el poder está en tu bolsillo—pero también el riesgo. Protege ambos.**

www.ingramcontent.com/pod-product-compliance
Lightning Source LLC
LaVergne TN
LVHW010843051026
849532LV00007B/2801